NEUES FILZEN
mit der Nadel

Maja Rabe

Kakteen

Material
- Wolle: grün, braun, Wollreste
- Tontöpfe, 4 cm hoch
- Perlen
- Nadel und Faden
- Klebstoff

Die Kakteen aus Rollen, Kugeln oder aus flachen Kreisen laut Grundanleitung von Seite 5-7 zusammensetzen. Etwas Kleber in die Blumentöpfe geben und die Wollreste darin fixieren. Als oberste Schicht etwas braune Wolle mit einer Filznadel auf die Reste filzen. Als Blüten Perlen an die Kakteen nähen. Zuletzt die Kakteen mit der Filznadel in die Töpfe filzen.

(Abb. siehe Seite 1)

Impressum:
© 2004 Bücherzauber Verlag GmbH, 41540 Dormagen
ISBN: 3-935997-83-3   Best.-Nr.: 97833

Fotos: Peter Wirtz, Dormagen
Styling: Angelika Nowotny, Agata Franica
Grafik/Zeichnungen: Daria Broda
Lithos: IMS Integrated Media Solutions GmbH, Köln
Layout/Satz/Bildbearbeitung: Marion Haustein, Dormagen
Druck: Grenz-Echo, Eupen   www.grenzecho.be

Das Gesamtwerk sowie die darin abgebildeten Motive sind urheberrechtlich geschützt. Jede gewerbliche Nutzung oder Vervielfältigung der abgebildeten Entwürfe – auch auszugsweise – ist nur mit schriftlicher Genehmigung des Herausgebers gestattet. Das Gleiche gilt auch für die Verbreitung, Vervielfältigung oder sonstige Verarbeitung mit elektronischen Systemen.

Alle Materialangaben und Arbeitsweisen für die abgebildeten Motive wurden sorgfältig geprüft. Eine Garantie oder gar Haftung für eventuell auftretende Schäden können seitens der Autorin oder des Verlages nicht übernommen werden.

1. Auflage 2004

Vorwort

Vielleicht kennen Sie ja schon mein erstes Buch zum Thema Filzen mit der Nadel und sind bereits vom Filzfieber befallen? Dann finden Sie in diesem Buch neue Ideen zum Nacharbeiten oder Sie lassen sich einfach zu eigenen Ideen inspirieren. Sollten Sie heute das erste Mal dieser Technik begegnen, dann nur keine Angst – es geht ganz einfach. Alles wird genau erklärt, sodass jeder in der Lage ist, die Motive nachzuarbeiten. Für viele Motive gibt es Vorlagen oder erklärende Zeichnungen. Filzen Sie Bilder, Pilze, Etuis oder, oder ... Es macht wirklich sehr viel Spaß, mit einer Filznadel bequem am Tisch schnell und einfach schöne Dinge herzustellen.

Viel Spaß beim Ausprobieren und Filzen wünscht Ihnen

Maja Rabe

Maja Rabe

Material & Werkzeug

- Filznadeln
- Wolle
- Sticknadeln
- Perlgarn
- Filz
- Perlen
- Pompons
- Schere
- Schaumstoffunterlage
- Holzbrett
- Scheuerschwamm
- Brotbrettchen
- Papier
- Briefwaage

Filznadeln

Die Filznadeln haben an ihrer Spitze Widerhaken, ähnlich wie bei einer Harpune. Der Unterschied zur Harpune ist jedoch, dass die Haken der Harpune das Herausziehen verhindern. Bei der Filznadel zeigen die Haken in Filzrichtung und nehmen die Wolle mit nach unten. Sie lässt sich ohne Widerstand herausziehen. Durch vielfaches Einstechen mit der Nadel verfilzt die Wolle. Da Filznadeln sehr spitz sind, sollte immer sehr aufmerksam damit gearbeitet werden, um sich nicht zu stechen.

Ein Wort zur Wolle

Für fast alle Motive in diesem Buch wurde deutsche Alpenwolle, im Band kardiert, verwendet. Diese Wolle eignet sich hervorragend zum Filzen und ist in 122 Farben erhältlich. Märchenwolle ist ähnlich gut in der Verarbeitung und sollte in jedem guten Bastelgeschäft erhältlich sein. Weniger zu empfehlen ist bunte Bastelwatte aus Synthetik. Von dieser Wolle lassen sich die Strähnen schlecht oder gar nicht abteilen. Das ist aber für fast alle Motive in diesem Buch nötig.

So wird's gemacht!

Vorbereitungen

Um mit der Filznadel arbeiten zu können benötigt man eine weiche Unterlage. Dafür ist ein Stück Schaumstoff, 40 x 40 cm und 4 cm dick, sehr gut geeignet. Um Beschädigungen des Tisches zu vermeiden, sollte darunter ein Stück Holz in gleicher Größe liegen. Für kleine Motive sind ein Scheuerschwamm und ein Brotbrettchen ausreichend.

Filzplatten

Um eine Filzplatte mit einem vorgegebenen Maß zu filzen, hat sich ein Stück Papier in gleicher Größe oder in Form des Motivs als gute Hilfe erwiesen. Zuerst vom Wollstrang ein Stück in der Länge des Papiers abschneiden. Den Strang der Länge nach teilen. Eine Hälfte so lassen. Die andere Hälfte in kurze Stücke schneiden, sodass sie quer aufgelegt werden können. Auf das Papier zuerst längs die lange, quer darauf die kurz geschnittene Wolle legen. Je gleichmäßiger die Wolle verteilt wird, desto schöner ist die fertige Filzplatte. Werden mehrere Schichten aufeinandergelegt, wird die Filzplatte um so dicker. Das Papier unter der Wolle herausziehen. Mit einer Filznadel gleichmäßig von oben immer wieder über die ganze Fläche in die Wolle stechen. Nach einiger Zeit die Wolle vorsichtig von der Unterlage ablösen und wenden. Die Rückseite ebenso mit der Nadel bearbeiten. Um ein gutes Ergebnis zu erreichen, muss die Filzplatte mehrmals von beiden Seiten mit der Nadel bearbeitet werden. Je öfter die Platte beidseitig mit der Nadel gefilzt wird, desto fester wird sie. Wenn die Filzplatte einem leichten Reißtest standhält, ist sie fertig.

Blätter, Kreise und Ohren

Sollen Blätter, Ohren oder Kreise gefilzt werden, kann ebenfalls eine Papiervorlage verwendet werden. Vom Wollstrang dünne Strähnen abtrennen und diese bei Kreisen schneckenförmig oder der Vorlage entsprechend auf das Papier legen. Das Papier entfernen und beidseitig mit der Filznadel filzen, bis genügend Festigkeit erreicht ist.

Kugeln und Köpfe

Für eine Kugel eine Strähne vom Wollstrang abtrennen. Je länger und dicker die Strähne, desto größer die fertige Kugel. Zunächst die Strähne zwischen den Fingern zu einer Rolle aufrollen. Mit einer Filznadel zum Festhalten in die Rolle stechen, damit man sich nicht in die Finger sticht. Mit einer zweiten Filznadel in die Rolle stechen. Die Rolle immer wieder drehen und rundherum gleichmäßig mit der Filznadel einstechen. Aus der Rolle wird schnell eine Kugel, die durch weiteres Umwickeln mit einer Wollsträhne beliebig vergrößert werden kann. So kann auch mit einer zweiten Farbe marmoriert werden.

Rollen für Arme, Beine, Körper

Für eine Rolle eine Strähne vom Wollstrang abtrennen. Die Strähne um die Finger wickeln und die Enden in die Mitte stecken. Die Stärke der Strähne und die Anzahl der Finger ist entscheidend für die spätere Größe der Rolle.

Mit einer Filznadel gleichmäßig in die Wolle stechen und die Arbeit für ein gleichmäßiges Filzen immer wieder drehen. Möchte man die Rolle teilen, muss sie besonders fest gefilzt werden.

Die Rollen für Arme oder Beine entsprechend biegen oder knicken und mit der Filznadel zum Fixieren so oft einstechen, bis die gewünschte Festigkeit und Form erreicht ist.

Kleine Teile filzen

Werden kleinere Teile wie zum Beispiel Flügel gefilzt, ist es hilfreich, sie nach dem Auflegen auf der Schablone mit Stecknadeln auf der Schaumstoffunterlage zu fixieren.

Formen ausarbeiten

Um Kanten zu versäubern, Ecken abzurunden oder auszuarbeiten, das Teil abschließend senkrecht halten und vorsichtig mit der Filznadel in die Kante stechen.

Tipp!

Wenn mehrere gleich große Teile benötigt werden, zuerst für alle Teile die Wollsträhnen abteilen.

Sollen Kreise oder Rollen geteilt werden, diese mit einer Schere durchschneiden.

Haare und Details

Zum Befestigen von Haaren eine kleine Strähne vom Wollstrang abteilen, diese durch eine Sticknadel fädeln und durch den Filz ziehen.

Blumen

Für kleine Blumen von einem festen Stück Karton einen schmalen Streifen abschneiden. Je schmaler der Streifen, umso kleiner die Blüte. Eine dünne Wollsträhne um den Pappstreifen wickeln.

In eine Sticknadel einen doppelten Faden fädeln und die Enden verknoten. Mit der Nadel unter der Wolle durchfahren und die Nadel durch die Schlinge am Ende führen.

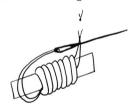

Die Wolle zusammen- und vom Karton schieben. Dabei gleichzeitig die Schlinge zuziehen und vernähen. Mit einer kleinen Häkelnadel eine andersfarbige Blütenmitte durchziehen.

Zusammensetzen der Figuren

Ohren, Köpfe, Arme und Beine mit einer Filznadel anfilzen, sofern es in der Beschreibung nicht anders angegeben ist. Dazu die Teile aufeinanderlegen und mit der Filznadel so oft durchstechen, bis sie fest zusammenhalten.

Muster und Motive

Muster und Motive, die nicht einzeln gefilzt werden, mit einer Filznadel direkt auf das Objekt auffilzen. Dazu das Ende einer dünnen Wollsträhne mit der Filznadel auf dem Objekt fixieren und mit der Nadel die Strähne in der gewünschten Form auffilzen.

Selbstgemachtes Werkzeug

Material
x Korken
x 5 Filznadeln
x Isolierband

Um das Filzen von Flächen mit einer einzigen Nadel nicht so langwierig zu gestalten, hier die Anleitung für ein einfach herzustellendes Werkzeug:

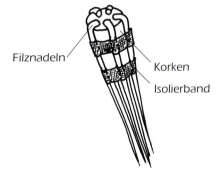

Fünf Filznadeln mit einem Isolierband um einen Korken kleben. Fixieren Sie die Nadeln mit zwei Streifen Isolierband, damit sie genügend Halt haben. Mit diesem Werkzeug können Flächen viel schneller verfilzt werden.

Brillenetuis

Material
- Wolle: Farben nach Wahl
- Bastelfilz: Farben nach Wahl
- Perlgarn
- 2 schwarze Perlen, Ø 2 mm
- 2 weiße Perlen, Ø 4 mm
- Sticknadel, Nähnadel

Die Etuis laut Vorlagenbogen entweder aus einer selbst gefilzten Platte oder aus Bastelfilz zuschneiden.

Blaues, hellblaues und lila Etui

Die Etuis im Stoffbruch zuschneiden. Herzen und Würfel aus gefilzten Platten ausschneiden und mit einer Filznadel auf die zugeschnittenen Etuis filzen. Für die Schlange eine orange und eine grüne Wollsträhne miteinander verdrehen und wellenförmig auffilzen. Einen an einem Ende verknoteten Faden mit einer Nadel von unten durch den Filz, den Schlangenkopf, eine weiße und eine schwarze Perle stechen. Anschließend die Nadel durch die weiße Perle wieder zurückführen. Das zweite Auge ebenso befestigen und den Faden vernähen. Dazu finden Sie auf dem Vorlagenbogen eine Skizze. Zum Schluss die Brillenetuis mit Perlgarn zunähen.

Gefilzte Etuis

Für die gefilzten Etuis aus zwei oder mehr Farben eine Filzplatte von 20 x 20 cm Größe filzen. Daraus das Etui mit einer Nahtzugabe von 5 mm ausschneiden, da das Material stark aufträgt. Nun die Einzelteile des ausgewählten Motivs aus Bastelfilz ausschneiden und mit Perlgarn in passender Farbe aufnähen. Das Etui mit Perlgarn zunähen und fertig ist ein wunderschöner Schutz für Ihre Brille.

Taschentuchboxen

Gelbe Box
Material
- x regenbogenfarbene Wolle
- x gelber Bastelfilz, 36 x 12 cm
- x Sticknadel
- x Perlgarn
- x Druckknopf

Zuerst die Grundform der Box aus gelbem Filz zuschneiden. Aus regenbogenfarbener Wolle einen ca. 18 cm langen Zopf flechten und die Enden verknoten. Vom Zopf 10 cm abschneiden. Um ein Auflösen des Zopfes zu verhindern, die abgeschnittenen Enden mit Garn umwickeln und den Zopf auf die Box filzen. Das andere Zopfstück auf die Taschenklappe filzen und die Box beidseitig zusammennähen. Die Taschenklappe mit Heftstichen verzieren und zum Schluss den Druckknopf befestigen.

Die Etuis entweder aus selbstgemachten Filzplatten oder aus Bastelfilz fertigen.

Lila Box
Material
- x Wolle: regenbogenfarben, Wollreste
- x lila Bastelfilz, 36 x 12 cm
- x Sticknadel
- x Perlgarn
- x Druckknopf

Die Taschentuchbox laut Vorlagenbogen aus Bastelfilz im Stoffbruch zuschneiden. Aus Wollresten eine ca. 8 x 8 cm große Filzplatte filzen und ein Herz ausschneiden. Das Herz mit einer Filznadel auf die Box filzen. Nun mit Perlgarn die Seitennähte schließen. Zum Verschließen einen Druckknopf annähen. Auf den Druckknopf eine 1cm große rote gefilzte Kugel nähen. Abschließend die Taschenklappe mit Perlgarn im Heftstich umstechen.

Gefilzte Taschentuchboxen
Material
- x Wolle: orange-türkis, rosa-lila, weiß, hellblau, lila
- x Sticknadel
- x Perlgarn
- x Druckknopf

Für die Boxen laut Grundanleitung von Seite 5-7 jeweils ein Rechteck der Größe 36 x 14 cm filzen. Daraus die Taschentuchboxen im Stoffbruch mit einer Nahtzugabe von 5 mm, da das Material stark aufträgt, zuschneiden. Die Taschenklappe der orangetürkisen Box mit einem lila Herz verzieren. Dazu die Wolle herzförmig auflegen und mit einer Nadel auffilzen. Auf die Taschenklappe der rosa-lila Box einen geflochtenen Zopf filzen. Nun die Seitennähte schließen und einen Druckknopf annähen.

Witziger Haarschmuck

Raupe

Material
- grüne Wolle
- rosa Perle, Ø 6 mm
- 2 schwarze Perlen, Ø 2 mm
- 2 weiße Perlen, Ø 4 mm
- bunte Rocailleperlen
- Haarspange, 8 cm
- Klebstoff
- Nadel und Faden

Zunächst sechs Kugeln aus der grünen Wolle filzen. Die Kugel unter dem Kopf ist die größte mit einem Durchmesser von 3 cm. Alle anderen Kugeln kleiner anfertigen. Die kleinste Kugel bildet das Raupenende. Die Kugeln mit einer Filznadel zu einer Raupe verbinden und mit bunten Perlen verzieren. Für die Augen je eine schwarze und eine weiße Perle nutzen. Eine Nähnadel mit einem verknoteten Faden durch den Kopf, eine weiße Perle und durch die schwarze Perle führen. Anschließend die Nadel zurück durch die weiße Perle sowie den Kopf stechen und das zweite Auge ebenso fertigen. Die Fühler und den Schwanz auf gleiche Weise ergänzen. Auch dazu finden Sie auf dem Vorlagenbogen eine Skizze. Zum Schluss die Raupe auf der Haarspange fixieren und fertig ist ein lustiger Haarschmuck für kleine Mädchen.

Bunte Kugeln

Material
- Wolle: rot, Wollreste
- Haarspange, 8 cm
- Klebstoff

Aus den Wollresten drei Kugeln filzen. Eine Kugel sollte etwas größer als die beiden anderen sein. Zwei Kugeln mit einem Durchmesser von ca. 1 cm aus dem roten Filz fertigen. Die Kugeln laut Abbildung mit Kleber auf der Haarspange fixieren.

Schnecke

Material
- Wolle: beige, blau, dunkelblau
- Rocailleperlen: blau, dunkelblau, schwarz
- Haarspange, 5 cm
- Klebstoff
- Nadel und Faden

Für den Körper eine 7 cm lange beige Rolle filzen. Den Kopf mit einer dünnen Strähne der gleichen Wolle abbinden. Das Schwanzende mit einer Filznadel leicht spitz ausarbeiten. Das Schneckenhaus zunächst wie eine Kugel beginnen. Die Kugel vor dem Festwerden auf zwei Seiten mit einer Filznadel flach stechen. Darauf schneckenförmig die dunkelblaue Wolle filzen. Das Schneckenhaus auf den Körper filzen und die Augen annähen. Die Fühler, wie bei der Raupe beschrieben, ansetzen. Schließlich die Schnecke auf die Spange kleben.

Herzspange

Material
- Wolle: rot, blau
- 3 herzförmige Perlen
- Rocailleperlen: orange, rot
- Haarspange, 5 cm
- Klebstoff
- Nadel und Faden

Vom roten Wollstrang zwei möglichst gleich große Strähnen abteilen. Jede Strähne um zwei Finger wickeln, nebeneinander legen und von der Mitte aus bis an ein Ende zusammenfilzen. Nun mit einer Filznadel die Herzform herausarbeiten. Drei Perlenstränge aus den Rocailles sowie den herzförmigen Perlen fertigen und am Herz befestigen. Aus der blauen Wolle zwei 2 cm große Kugeln filzen. Die Kugeln und das Herz mit Kleber auf der Haarspange fixieren.

Kleine Monster

Lila Glotzer

Material
× Wolle: weiß, lila, Wollrest
× schwarze Perle, Ø 4 mm
× Nadel und Faden

Eine 5 cm große Kugel für den Körper filzen. Für das Auge eine weiße 2,5 cm große Kugel herstellen. Das Auge mit einer lila Wollsträhne umwickeln und die lila Wolle anfilzen. Drei gleich große Rollen für den Hals sowie die Beine und eine kleinere Rolle für die Arme filzen. Die Rolle für die Arme mit einer Schere mittig teilen und die Beine in die gewünschte Form filzen. Erst das Auge an den Hals filzen und dabei die Frisur nicht vergessen. Nun die Arme und Beine an den Körper filzen. Die Perle am Auge annähen.

Gelber Gilb (Material siehe S. 15)

Eine gelbe 5 cm große Kugel als Körper und zwei weiße 1,5 cm große Kugeln für die Augen filzen. Um die Augen eine Strähne der gelben Wolle legen und anfilzen. Für die Nase eine 1,5 cm große gelbe Kugel anfertigen. Nun fünf etwa gleich lange Rollen für die Arme, Beine und den Schwanz filzen. Die Körperteile mit einer Filznadel in die gewünschte Form und anschließend an den Körper filzen. Schwarze Perlen als Pupillen in die Augen nähen und mit Perlgarn den Mund aufsticken. Aus rotem Filz eine Zunge ausschneiden und festnähen. Eine freche Woll-Punk-Frisur aus einem Wollrest anbringen. Die Wollstähne für die Frisur mit der Filznadel befestigen.

Grüner Globb

Material
× Wolle: weiß, grün, Wollrest
× 2 schwarze Perlen, Ø 4 mm
× Nadel und Faden

Je eine ca. 7 cm lange dicke Rolle für den Körper und den Kopf filzen. Den Körper dabei oben leicht kegelförmig und unten flach arbeiten. Für die Augen zwei weiße 1,5 cm große Kugeln filzen und diese mit grüner Wolle umfilzen. Eine 1 cm und fünf 1,5 cm große grüne Kugeln herstellen. Zuerst die Augen an den Kopf filzen und schwarze Perlen als Pupillen annähen. Nun die kleine grüne Kugel als Nase und die Haare anfilzen. Die fünf grünen Kugeln als Füße in gleichmäßigem Abstand am unteren Ende des Körpers anfilzen. Zuletzt den Körper und den Kopf zusammenfilzen. Abschließend bunte Wollreste unterhalb des Kopfes anfilzen.

Blaues Wunder

Material
× Wolle: weiß, blau, Wollrest
× 3 schwarze Perlen, Ø 4 mm
× Nadel und Faden

Für den Körper eine ca. 15 cm lange lockere Rolle filzen. Die weiche Rolle mittig knicken und bis auf ein Drittel der Länge zusammenfilzen. Dadurch erhält der Körper seine Festigkeit. Aus dem zweigeteilten restlichen Drittel die Füße bilden. Beide Filzenden nach außen knicken und fixieren.

(Fortsetzung siehe Seite 16)

Material für den gelben Gilb
- Wolle: weiß, gelb, Wollrest
- roter Filz
- 2 schwarze Perlen, Ø 4 mm
- schwarzes Perlgarn
- Nadel und Faden

Passend dazu ebenfalls als Füße zwei flache Ovale filzen und diese vorn und hinten an den Körper filzen. Aus blauer Wolle eine 3,5 cm sowie eine 2 cm große Kugel und aus der weißen Wolle drei 2 cm große Kugeln filzen. Die weißen Kugeln für die Augen mit blauen Wollsträhnen umwickeln und diese mit der Filznadel anfilzen. Die Augen und die blaue Kugel als Nase auf die große Kugel filzen. Schließlich die Perlen als Pupillen annähen und eine bunte Wollsträhne als Frisur auffilzen. Jetzt den Kopf auf den Körper filzen. Für die Arme zwei lange, nicht zu fest gefilzte Rollen beidseitig an den Körper filzen.

Fideler Roter (Abb. siehe Seite 15)
Material
× Wolle: weiß, rot, Wollrest
× 2 schwarze Perlen, Ø 4 mm
× schwarzes Perlgarn

Eine rote 4,5 cm große Kugel für den Körper anfertigen. Für die Augen zwei 2 cm große weiße Kugeln filzen, mit roter Wolle umwickeln und diese festfilzen. Den Kopf aus einer ca. 6 cm langen Rolle heraus arbeiten. Dazu ein Drittel der Gesamtlänge umknicken und mit einer Filznadel fixieren. Für die Arme, Beine und den Schwanz ca. 5 cm lange Rollen filzen und diese mit der Filznadel in die gewünschte Form filzen. Beim Zusammensetzen erst die Augen und die Wollsträhne an den Kopf filzen. Anschließend den Kopf, die Arme, Beine und den Schwanz an den Körper filzen. Die Perlen als Pupillen aufnähen.

Bilder mit Servietten

Material
× Wolle: braun, dunkelbraun, regenbogenfarben, Wollreste
× Serviette
× Bastelfilz, 20 x 20 cm
× beidseitig beschichtete Bügelvlieseline, 20 x 20 cm
× bunte Perlen, Ø 2 mm
× 2 Pappkarton, 20 x 20 cm
× Klebstoff

Zu Beginn den Filz und die Bügelvlieseline zuschneiden und von der Serviette die oberste Schicht ablösen. Die Vlieseline zwischen den Filz und das Serviettenmotiv legen und sorgfältig erst von oben und dann von unten festbügeln. Wenn alles haftet, wird das Motiv auf die Schaumstoffunterlage gelegt und mit dem Auffilzen der Wolle begonnen. Dazu die Wolle auf die ausgewählten Flächen legen und mit einer Filznadel feststechen. So die einzelnen Motivteile nacheinander ausarbeiten. Das Bild von der Unterlage lösen und die Perlen aufnähen.

Nun aus der Regenbogenwolle zwei lange und zwei kürzere Zöpfe flechten und als Rahmen um das Bild filzen. Zuletzt die Bilder für die erforderliche Stabilität auf Pappkarton kleben und aufhängen.

Jahreszeitenkinder

Grundanleitung Körper
Einen ca. 50 cm langen Wollstrang laut Skizze in Form legen und mit Perlgarn ca. 6 cm abbinden. Den oberen abgebundenen Teil verfilzen, den unteren aufschneiden und auseinander fächern. Eine Hand voll Wollreste in die Mitte legen und die aufgefächerte Wolle wieder zurückschlagen. Mit einer Filznadel die Wolle etwas verfilzen. Für den Kopf eine 4,5 cm und für die Hände zwei ca. 2 cm große Kugeln aus hautfarbener Wolle filzen. Die Arme aus zwei 6 cm langen Rollen herstellen und in die gewünschte Haltung filzen.

Material
x Wolle: haut, gelb, rosa, grün, regenbogenfarben, Wollreste
x 2 schwarze Perlen, Ø 3 mm
x grüner Biegeplüschdraht
x Perlgarn

Frühlingskind
Den Körper wie oben beschrieben vorbereiten. Aus der regenbogenfarbenen Wolle einen etwa 50 cm langen Zopf flechten und einen Teil davon unten an den Rocksaum filzen. Den Rest um die Taille filzen und daran rosa Wollsträhnen befestigen. Um jeden Arm ebenfalls eine rosa Strähne wickeln und anfilzen. Die Hände an die Arme und diese beidseitig an den Körper filzen. Nun die Augen an den Kopf nähen und die Haare anfilzen. Den Zopf extra flechten und auffilzen. Den Kopf an den Körper filzen.

Eine 2,5 cm große Kugel für die Blume filzen. Anschließend eine rosa Wollsträhne in Schlaufen legen und an die Kugel filzen. Den Biegeplüschdraht halbieren und mittig knicken. Dabei eine Öse formen und den Biegeplüsch mit grüner Wolle umwickeln. Den Biegeplüsch an die Blume filzen. Zuletzt die Blätter anfilzen. Sie bestehen wie die Blütenblätter aus einer zur Schlaufe gelegten Wollsträhne.

Sommerkind

Material
- Wolle: haut, orange, rot, grün, dunkelgrün, braun, regenbogenfarben, Wollreste
- 2 schwarze Perlen, Ø 3 mm

Für den Körper einen 50 cm langen grünen und dunkelgrünen Wollstrang teilen und zwei Hälften zusammenlegen. Den Körper gemäß obiger Grundanleitung vorbereiten. Einen ca. 60 cm langen Zopf aus roter und regenbogenfarbener Wolle flechten und diesen unten um den Rocksaum und die Taille filzen. Die Augen an den Kopf nähen und die Haare aus orangefarbener und roter Wolle anfilzen. Das restliche Stück Zopf um den Kopf legen und als Haarschmuck anfilzen. Die Hände an die Arme und diese beidseitig an den Körper filzen. Den Kopf mit einer Filznadel am Körper befestigen. Aus roter Wolle für den Apfel eine 2 cm große Kugel filzen. Für den Stiel etwas braune Wolle zwischen den Handflächen zu einer Minirolle rollen. Das Blatt, gebildet aus einer kleinen Wollschlaufe, und den Stiel an den Apfel filzen.

Herbstkind

Material
- Wolle: haut, gelb, orange, olivgrün, braun, regenbogenfarben, Wollreste
- 2 schwarze Perlen, Ø 3 mm

Für den Körper zuerst einen gelben und olivgrünen 50 cm langen Wollstrang teilen. Zwei der Hälften zusammenlegen und ver‑

mischen. Daraus den Körper laut Grundanleitung von Seite 18 vorbereiten. Aus gelber und regenbogenfarbener Wolle einen ca. 60 cm langen Zopf flechten. Einen Teil davon um den Rocksaum und einen Teil um die Taille filzen. Den Rest beiseite legen. Um die Arme eine dünne gelbe Wollsträhne wickeln und die Hände sowie die Wollsträhne mit einer Filznadel befestigen. Die Arme nun beidseitig an den Körper filzen. Die Augen an den Kopf nähen und die Haare aus brauner Wolle gestalten. Den restlichen Zopf zum Kranz legen und als Haarschmuck auf den Kopf filzen. Für die Sonnenblume einen Kreis aus brauner Wolle mit einem Durchmesser von 2 cm filzen. Eine dünne gelbe Wollsträhne in Schlaufen auflegen und rundherum anfilzen. Die Blume umdrehen und am Kopf befestigen. Zum Schluss den Kopf an den Körper filzen.

Winterkind

Material
- Wolle: weiß, haut, gelb, hellblau, Wollreste
- 2 schwarze Perlen, Ø 3 mm
- weißer Biegeplüschdraht

Den Körper aus weißer Wolle laut Grundanleitung vorbereiten. Aus weißer und hellblauer Wolle einen ca. 50 cm langen Zopf flechten und einen Teil um den Rocksaum, den anderen um die Taille filzen. Die Hände an die Arme filzen, und die Arme mit einer dünnen Wollsträhne umwickeln. Die Strähne mit einer Filznadel anfilzen. Nun die Augen annähen und gelbe Wolle für die Frisur an den Kopf filzen. Zwei kleine, ca. 15 cm lange Zöpfe flechten und diese schneckenförmig beidseitig an den Kopf filzen. Den Kopf und die Arme an den Körper filzen. Für den Schneeballstab einen Biegeplüschdraht halbieren. Einen Teil davon mittig knicken, verdrillen und mit weißer Wolle umwickeln. Aus weißer Wolle eine 3,5 cm große Kugel filzen und diese mit der Filznadel am Stabende befestigen. Die Kugel gemäß Abbildung mit zwei blauen Wollsträhnen schmücken.

Am Seerosenteich

Seerosen

Material
- Bastelfilz: weiß, gelb, grün, dunkelgrün
- Perlgarn
- Sticknadel
- Nadel und Faden

Die Seerosenblätter laut Vorlagenbogen aus grünem Filz ausschneiden, mit Perlgarn im Heftstich umstechen und etwas zusammenziehen. Den Faden vernähen, und das Blatt ist fertig. Die Elfen mit einer Filznadel auf die Blättern aufarbeiten.

Für eine Blüte acht kleine und sechzehn große Blütenblätter aus weißem Filz zuschneiden. Mit weißem Garn die ersten acht der großen Blätter an den markierten Stellen auf eine Nadel reihen, den Faden durch- und zusammenziehen und vernähen. Den Faden nicht abschneiden. Die nächsten acht Blätter genauso aufreihen, den Faden vernähen und wieder nicht abschneiden. Jetzt die kleinen Blätter genauso auf den Faden reihen, zusammenziehen, den Faden vernähen und noch immer nicht abschneiden. Für die Blütenstempel einen 2,5 x 7 cm langen Streifen aus gelbem Filz zuschneiden. Den Streifen fransig schneiden, aufrollen und mit dem Restfaden in die Blütenmitte nähen.

Kleine Wasserelfen

Material
- Wolle: haut, rose, rot, eosin, grün, lila, blau, Wollreste
- je 2 schwarze Perlen, Ø 3 mm
- Plastikkugeln, Ø 12 cm

Die Köpfe bilden 3 cm große hautfarbene Kugeln. Für die Körper je eine 8 cm lange Rolle wickeln und vor dem Filzen ein ca. 3 cm langes Stück mit gleicher Wolle abbinden. Das 3 cm lange Stück filzen, das andere Teil nicht so fest verfilzen. Nun die Körper mit einer Filznadel in eine sitzende Position filzen. Die Arme aus 7 cm langen und mittig geteilten Rollen herstellen. Die Köpfe mit Wolle in der Farbe der Kleidung umwickeln und dabei eine Frisur gestalten. Schließlich die Köpfe und Arme an die Körper filzen. Die Augen annähen und die Elfen mit Filzblumen oder geflochtenen Zöpfen schmücken.

Fliegenpilzfamilie

Material
- Wolle: weiß, haut, rot
- weiße Perlen, Ø 4 mm
- je 2 schwarze Perlen, Ø 2,6 mm
- Nadel und Faden

Größe der hautfarbenen Kugeln
Elternpilze: Ø 3,5 cm
Geschwister: Ø 3 cm und 2,5 cm
Baby: Ø 2 cm

Für jeden Fliegenpilz eine Kugel aus der hautfarbenen Wolle in der angegebenen Größe herstellen. Um die fertigen Kugeln zweimal eine weiße Wollsträhne legen und mit der Filznadel feststechen. Die Hinterköpfe ebenfalls mit weißer Wolle bedecken. Dafür entweder den Rest der Wollsträhne oder ein neues Stück verwenden. Nach dem Anfilzen der weißen Wolle mit der roten Wolle weiterarbeiten. Davon ebenfalls je eine Strähne vom Wollstrang abteilen und um die Köpfe filzen. Dabei darauf achten, dass die Hinterköpfe nicht zu flach geraten.

Nun schwarze Perlen als Augen und die weißen Perlen als Pilztupfen annähen. Für die Körper aus der weißen Wolle laut Grundanleitung von Seite 5-7 je eine dicke Rolle herstellen. Die Rollen an einem Ende flach filzen, damit die Fliegenpilze stehen können.

Für die Arme eine kleine ca. 6 cm lange Rolle festfilzen und mit einer Schere mittig teilen. Zum Schluss die Köpfe und Arme an die entsprechenden Körper filzen.

Zauberhafte Krippe

Stall

Material
- 3-D Wellpappe: natur, gold
- Pappkarton
- braune Bastelfarbe
- Bast
- Islandmoos

Alle Teile des Stalles laut Vorlagenbogen zuschneiden und mit Heißkleber zusammensetzen. Das Dach dabei nicht festkleben. Den Stall mit brauner Bastelfarbe anmalen. Nun das Dach und den Stern ankleben. Den Stall auf ein ca. 30 x 25 cm großes Stück Pappe kleben und mit Bast sowie Moos dekorieren.

Tipp: Schön sieht es aus, wenn der Stall von innen beleuchtet wird. Dazu das Dach von innen mit Alufolie bekleben. Als Leuchtkörper eine Taschenlampenbirne verwenden. Diese unter das Dach kleben, ein Kabel hinter die Rückwand legen und das Dach fixieren. Eine 5-Volt-Blockbatterie hinter den Stall stellen und die Kabelenden mit kleinen Holzwäscheklammern anschließen.

Jesus

Material
- Wolle: naturweiß, haut, dunkelblau, braun
- 2 schwarze Perlen, Ø 2 mm

Für Jesus' Kopf eine 2,5 cm große Kugel filzen. Eine kleine Rolle aus naturweißer Wolle und eine Minirolle aus hautfarbener Wolle filzen. Die Minirolle teilen und die Arme sind fertig. Den Kopf und die Arme an den Körper filzen. Nun die Perlaugen annähen und die Haare anfilzen. Eine Wollsträhne als Kleidung um den Körper wickeln.

Maria, Josef, Hl. Drei Könige und Hirte

Material
- Wolle: haut, naturweiß, rot, dunkelrot, blau, dunkelblau, grün, olivgrün, braun, graumeliert, schwarz
- Filz: gelb, eosin, blau, royalblau, grün, olivgrün
- je 2 schwarze Perlen, Ø 2 mm
- Rocailleperlen
- 3 Schliffperlen, Ø 7 mm
- goldenes Satinband
- Biegeplüschdraht
- Nadel und Faden
- Sticknadel
- Perlgarn
- Schnur
- Klebstoff

Anleitung für Maria, Josef, Hl. Drei Könige und Hirte

Aus hautfarbener und einmal aus brauner Wolle 4,5 cm große Kugeln für die Köpfe und je zwei 1 cm große Kugeln für die Hände filzen. Für die Körper von den Wollsträngen in den entsprechenden Farben ca. 30 cm abschneiden und auf ein Drittel der Gesamtlänge zusammenlegen. Daraus Rollen filzen. Dabei ein Ende der Rolle abrunden und das andere Ende ganz flach filzen. Nun für die Arme ca. 5 cm lange Rollen filzen. Ein Ende der Arme jeweils flach filzen und die Hände an diesem Ende anfilzen. Die Köpfe und Arme an die Körper filzen. Die Augen annähen und die Haare sowie die Bärte mit einer Filznadel befestigen. Damit sind die Figuren bereit zum Anziehen.

Marias Tuch um den Kopf legen und unter dem Kinn mit einigen Nadelstichen befestigen. **Josef** erhält einen Umhang aus blauem Filz. Am Halsausschnitt mit Heftstichen Perlgarn einziehen und den Umhang damit um seinen Hals knoten.

Bei **König Balthasar** eine Wollsträhne als Turban um den Kopf wickeln und anfilzen. Den Turban mit einem kleinen Wollpuschel als Federersatz und einer Schliffperle verzieren. Einen blauen Umhang mit einem Stück Perlgarn zum Verschließen versehen. Den Umhang, den Turban und das rote Gewand an den Rändern mit Rocailles schmücken. Schließlich den Umhang umbinden.

Für **König Kaspar** einen Umhang in Eosin mit Kapuze zuschneiden. Die Kapuze mit Heftstichen kräuseln und den Umhang mit einem zweiten am Halsausschnitt eingezogenen Perlgarnfaden umbinden. Zusätzlich erhält er ein Stirnband aus goldenem Satinband. Das Stirnband und die beiden Streifen auf dem Gewand mit Kleber befestigen. Eine blaue Schliffperle mittig an das Stirnband nähen.

Den gelben Umhang für **König Melchior** ebenfalls mit Perlgarn umbinden. Die Krone aus gelbem Filz mit goldenem Satinband umkleben und mit einer roten Schliffperle verzieren. Nun die Krone und die goldenen Satinbänder auf dem Gewand mit Kleber fixieren.

Der **Hirte** hat seinen Umhang zusammengelegt und umgebunden. Den Umhang aus einem geraden Stück Filz zusammenfalten und mit einem Stück Schnur um den Körper binden. Für den Hirtenstab einen Biegeplüschdraht mittig knicken und miteinander verdrillen. Den Plüsch mit einer Schere abschneiden. Den Draht mit brauner Wolle umwickeln und in Form biegen.

Esel

Material
- Wolle: grau, schwarz
- 2 schwarze Perlen, Ø 4 mm
- 2 schwarze Biegeplüschdrähte

Zunächst für den Kopf eine 5,5 cm lange Rolle filzen und diese für die typische Kopfform zusätzlich an einem Ende mit Wolle umwickeln. Der Körper besteht aus einer 8 cm langen, der Hals aus einer 4 cm langen Rolle. Für die Beine je einen Biegeplüschdraht mittig knicken und miteinander verdrillen. Den Draht mit grauer Wolle umwickeln. Nun alle Körperteile, auch die Beine, zusammenfilzen. Für die Ohren eine

dünne Rolle von etwa 6 cm Länge filzen und teilen. Die Ohrenspitzen ausarbeiten, und die Ohren am Kopf anfilzen. Um die Körperform herauszuarbeiten und die Übergänge von Körper und Beinen zu kaschieren, den Körper nochmals mit Wolle umwickeln. Die Wolle mit einer Nadel rundherum anfilzen, sobald die Körperform Ihren Vorstellungen entspricht. Für den Schwanz etwas graue Wolle flechten und einen schwarzen Wollpuschel anfilzen. Schließlich den Schwanz und eine Mähne aus schwarzer Wolle an den Körper filzen. Schwarze Perlen als Augen annähen.

Ochse

Material
x Wolle: beige, braun
x 2 schwarze Perlen, Ø 4 mm
x 2 Biegeplüschdrähte

Den Ochsenkopf aus einer 3,5 cm und einer 3 cm großen Kugel fertigen. Beide Kugeln zusammenfilzen und die Verbindungsstelle der beiden Kugeln mit Wolle umwickeln. Für den Körper eine 9 cm dicke Rolle herstellen und auf das eine Ende für den Hals etwas Wolle, kreisförmig übereinandergelegt, auffilzen. Die Ohren laut Vorlage flach filzen und mittig teilen. Die Schnittkanten abrunden und die Ohren an den Kopf filzen. Nun beigefarbene Wolle für die Hörner zu einer 6 cm langen Rolle filzen und mittig teilen. Die Hörner mit einer Filznadel leicht spitz ausarbeiten und an den Kopf filzen. Für die Beine je Beinpaar einen Biegeplüsch auf 29 cm kürzen, mittig knicken und miteinander verdrillen. Vor dem Umwickeln der Beine mit Wolle das jeweilige Biegeplüsch-Reststück um den verdrillten Draht wickeln. Die Beinpaare in Form biegen. Anschließend den Kopf und die Beine an den Körper filzen und den Körper mit Wolle umwickeln. Ist die Körperform des Ochsen zufriedenstellend, die umwickelte Wolle mit der Filznadel an den Körper filzen. Den Schwanz aus geflochtener Wolle mit einem Puschel versehen und anfilzen. Zuletzt die Augen annähen.

Tipp: Ochse und Kalb machen auch liegend eine gute Figur. Dazu den Bauch an der Unterseite mit einer Filznadel flach filzen.

Kalb (Abb. siehe Seite 29)

Material
- Wolle: beige, braun
- 2 schwarze Perlen, Ø 4 mm

Eine 4,5 cm dicke Rolle für den Kopf des Kälbchens filzen und dabei ein Ende etwas schmaler ausarbeiten. Für die Hörner eine beigefarbene 5 cm lange feste Rolle filzen, mittig teilen und beidseitig an den Kopf filzen. Die Hörner mit einer Schere auf die passende Länge kürzen und spitz zuschneiden. Die Ohren gemäß Vorlage filzen, mittig teilen und die Schnittkanten abrunden. Die Ohren an den Kopf filzen und die Augen annähen. Auf die 6 cm dicke Rolle des Körpers für den Hals kreisförmig Wolle übereinanderlegen und anfilzen. Darauf den Kopf filzen. Anschließend zwei Rollen von 8 cm Länge filzen, mittig teilen und als Beine an den Körper anfilzen. Das Schwänzchen aus etwas geflochtener Wolle ebenfalls anfilzen.

Schafe (Abb. siehe Seite 26/27)

Material
- Wolle: weiß, wollweiß
- je 2 schwarze Perlen, Ø 3 mm

Die Schafsköpfe bestehen aus ca. 3 cm langen wollweißen Rollen. Während des Filzens aus der Rolle ein Oval herausarbeiten. Die Ohren aus einer dünnen etwa 3,5 cm langen Rolle filzen und diese mittig teilen. Die Schnittkanten mit einer Filznadel abrunden und die Ohren insgesamt etwas flach stechen. Die Körper bestehen aus 6 cm dicken, nicht zu fest gefilzten Rollen.

Für ein liegendes Schaf eine Seite des Bauches flach filzen. Für stehende Schafe je zwei Rollen von 5 cm Länge filzen und mittig teilen. Die Beine abschließend unter den Körper filzen und die Augen annähen.

Wichtel-bilder

Hier werden die Gesichter durch Auflegen der Wolle auf den Bastelfilz gestaltet. Die Filznadel dabei wie ein Modellierholz einsetzen, mit dem die Wolle auf den Filz modelliert wird.

Zunächst den Bastelfilz auf die Größe der Rahmenrückwand zuschneiden und auf eine Schaumstoffunterlage legen. Mit hautfarbener Wolle die Gesichter auflegen. Die Grundform der Gesichter ist leicht oval. Nun Wolle für die Nasen auflegen. Man kann die Nasen vor dem Auflegen und Anfilzen auch in der Handfläche etwas formen. Erneut etwas Wolle auflegen, falls die Nasen zu klein geraten sind. Zu dick geratene Nasen mit Hilfe einer Filznadel kleiner stechen. Nun nacheinander die Augenbrauen und den Mund aus dünnen Wollsträhnen auflegen und feststechen. Die Wollsträhnen für die Wangen schneckenförmig auflegen.

Aus roter Wolle die Körper auf den Bastelfilz filzen. Anschließend die Haare und beim Wichtelmann den Bart um die Köpfe drapieren und in der gewünschten Form auffilzen.

Zuletzt die Mützen gestalten und anfilzen. Nun die Bilder von der Unterlage lösen und die Perlen für die Augen und die Zähne aufnähen. Die Wichtelfrau erhält zusätzlich einen Kragen aus gekräuselter Spitze.

Aus den Bilderrahmen das Glas entfernen. Die fertigen Bilder auf die Innenseiten der Rückwände kleben und die Rahmen zusammensetzen.

Material
- Wolle: weiß, haut, rot
- grüner Bastelfilz, je 13 x 18 cm
- 2 Rahmen, 18 x 23 cm
- je 2 Perlen, Ø 4 mm: weiß, schwarz
- je 4 weiße Rocailleperlen, Ø 2 mm
- evtl. Baumwollspitze, 25 cm
- Klebstoff

Elfentanz

Material
- Wolle: wollweiß, haut, gelb, orange, lachsfarben, rot, rehbraun
- je 2 schwarze Perlen, Ø 3 mm
- Bambusring, Ø 15 cm
- Nadel und Faden

Für die Körper von einem Wollstrang in beliebiger Farbe ca. jeweils 25 cm abschneiden. Davon eine schmale Strähne für die Haare und die Arme abteilen. Den restlichen Wollstrang mittig falten und den Oberkörper mit gleicher Wolle abbinden. Den Oberkörper mit einer Filznadel verfilzen. Von der übriggebliebenen Strähne etwas für die Arme abteilen, in der Mitte falten und die Enden verknoten.

Aus der hautfarbenen Wolle je Elfe eine 3,5 cm große Kugel filzen. Die Augen annähen und aus dem letzten Wollrest eine Frisur auf den Kopf filzen.

Die Arme zwischen den Kopf und den Körper legen und beides gleichzeitig anfilzen. Abschließend jede Elfe mit einer Blume schmücken. Mit einem Faden die Elfen an den Ring hängen...

... und beim leisesten Luftzug beginnt der Elfentanz.